BEI GRIN MACHT SICH IHR WISSEN BEZAHLT

- Wir veröffentlichen Ihre Hausarbeit, Bachelor- und Masterarbeit

- Ihr eigenes eBook und Buch - weltweit in allen wichtigen Shops

- Verdienen Sie an jedem Verkauf

Jetzt bei www.GRIN.com hochladen und kostenlos publizieren

Unterstützung von Kontroll- und Präventionsmaßnahmen mittels Big Data und GIS bei Epidemien

Lars Vieten

GRIN ☺

Bibliografische Information der Deutschen Nationalbibliothek:

Die Deutsche Nationalbibliothek verzeichnet diese Publikation in der Deutschen Nationalbibliografie; detaillierte bibliografische Daten sind im Internet über http://dnb.d-nb.de abrufbar.

ISBN: 9783346674074
Dieses Buch ist auch als E-Book erhältlich.

Druck und Bindung: Books on Demand GmbH, Norderstedt Germany
Gedruckt auf säurefreiem Papier aus verantwortungsvollen Quellen

Das vorliegende Werk wurde sorgfältig erarbeitet. Dennoch übernehmen Autoren und Verlag für die Richtigkeit von Angaben, Hinweisen, Links und Ratschlägen sowie eventuelle Druckfehler keine Haftung.

Das Buch bei GRIN: https://www.grin.com/document/1246153

FOM Hochschule für Ökonomie & Management

Hochschulzentrum Düsseldorf

Berufsbegleitender Studiengang zum Bachelor of Sience (B. Sc.) in Wirtschaftsinformatik

2. Semester

Seminararbeit im Modul

Wissenschaftliches Arbeiten

zum Thema

Unterstützung von Kontroll- und Präventionsmaßnahmen mittels Big Data und GIS bei Epidemien

Autor: Lars Vieten
Abgabedatum: 07.08.2020

Inhaltsverzeichnis

I. Abbildungsverzeichnis

II. Abkürzungsverzeichnis

1 Einleitung

Seit Anfang des Jahres 2020 prägt die internationale Presse und die Weltgemeinschaft vor allem ein Thema: COVID-19. Das Coronavirus ist jedoch nicht der erste Ausbruch einer Pandemie in der Geschichte der Menschheit. Beispielhaft zu nennen sind hier die Pest im 14. Jahrhundert, die spanische Grippe Anfang des 20. Jahrhunderts oder bis heute das HIV. Innerhalb kürzester Zeit konnte durch weltweite Informationstransparenz und die Zusammenarbeit von Virologen aus aller Welt der COVID-19 Erreger identifiziert und erforscht werden. Der Fortschritt in der Informationstechnologie, vor allem im Bereich von Big Data und GIS (Geographische Informationssysteme), bietet die Möglichkeit, eine Epidemie systematisch unter Kontrolle zu bringen und zukünftig noch früher zu erkennen. Im Rahmen der Facharbeit soll herausgefunden werden, wie die Regierung Chinas und Südkoreas, im Gegensatz zu vielen anderen Ländern, das Coronavirus in kürzester Zeit unter Kontrolle bringen konnte, welche Maßnahmen getroffen wurden, wie diese technisch umgesetzt wurden und wie durch institutionelle Kontrollmaßnahmen das soziale Leben und die Normalität der Menschen deutlich eingeschränkt wurde. Ziel ist es herauszufinden, ob mit Hilfe der Weiterentwicklung der Informationstechnik aktuelle und zukünftig auftretende Epidemien gestoppt werden können.

2 Big Data

Ein Onlineeinkauf auf Amazon, inklusive des Trackings des zustellenden Paketboten, ein geteilter Beitrag auf Facebook, die Nutzung von Google Maps oder einfach nur eine Suche im Web: All das generiert Daten, welche in der heutigen Zeit als eine der wichtigsten Währungen/Ressourcen des digitalen Zeitalters gewertet werden. Mit Hilfe dieser Daten können unter anderem Geschäftsprozesse verbessert, Marktveränderungen frühzeitig erkannt oder Kunden in Segmente eingeteilt werden, um die Produkt- und Servicequalität zu steigern. Obwohl es schon seit der zweiten Hälfte des vergangenen Jahrhunderts Fernseher, Computer, Mobiltelefone und Internet gibt, ist das Datenaufkommen in den letzten Jahren um ein Vielfaches gestiegen. Dies ist durch die stetig wachsende Anzahl an Teilnehmern, Applikationen und Dienstleistungen begründet. Die weltweite Anzahl der Mobilfunkanschlüsse[1] liegt Ende 2019 bei rund 8,3 Milliarden[2]. Während sich das Datenvolumen im Jahr 2012 noch auf 2,7 Zettabytes[3] oder im Jahr 2018 auf 33 Zettabytes belief, soll 2025 der Datenpool bereits 175 Zettabytes umfassen[4]. Mit der Datenmenge steigt auch die Datenvielfalt, denn die Daten stammen aus den unterschiedlichsten Quellen.

Big Data steht für eine große Datenmenge, die ihren Ursprung z.B. aus dem Internet und Mobilfunkkommunikation, Gesundheitswesen, Transportwesen, Social Media, Kredit- und Kundenkarten, Überwachungskameras sowie Flug- und Fahrzeugressourcen hat. In der unverarbeiteten Form sind sie nutzlos, jedoch mittels umfangreicher Prozeduren und Strukturanalysen können sie Lösungen zu neuen Themenbereichen enthalten[5]. Big Data unterscheidet sich von herkömmlichen Daten wie sie unter anderem in Unternehmen vorkommen in ihrer Struktur. Big Data wird laut der Gartner Group als Informations- und Vermögenskapital betitelt[6].

2.1 Anforderungen an Big Data

Um die Herausforderungen, die an Big Data gestellt werden zu verstehen, haben Adrian Merv und das McKinsey Global Institute die folgenden Charakteristika für Big Data definiert[7]:

Volume beschreibt den umfangreichen Datenbestand, der im Tera- bis Zettabereich liegt.

---

[1] SIM-Karten in Mobilfunknetzwerken, sowohl Mobilfunkverträge als auch Prepaid.
[2] Vgl. *Tenzer, F.*, Mobilfunkanschlüsse, 2019, o.S.
[3] Ein Zettabyte entspricht einer Millionen Petabytes und einer Milliarde Terrabyte (1 Terrabyte = 1.000 Gigabytes).
[4] Vgl. *Tenzer, F.*, Datenmenge, 2020, o.S.
[5] Vgl. *Hartmann, M., Klein, D., Phuoc, T.-G.*, Big Data, 2013, S. 320 f.
[6] Vgl. *Fasel, D, Meier, A.*, Big Data, 2016, S. 6.
[7] Vgl. *Kaufmann, M., Meier, A.*, SQL & NoSQL, 2016, S. 6 f.

3

Der Facebook Konzern hat allein auf Social Media bezogen weltweit mehr als eine Milliarde Accounts, von denen monatlich mehr als 600 Millionen Aktivitäten über mobile Endgeräte verzeichnen. Jede Minute werden mehr als 650.000 verschiedene Arten von Inhalten erstellt und ca. 35.000 „Likes" verteilt. Des Weiteren werden von 465 Millionen Twitter Nutzern pro Tag ungefähr 175 Millionen Nachrichten oder Tweets verfasst. Solche großen Datenmengen stellen herkömmliche Datenbanksysteme, wie sie in Unternehmen genutzt werden, vor Herausforderungen. Firmen wie Facebook und Twitter speichern Petabytes an Daten[8].

Velocity beschreibt die Geschwindigkeit, in der Datenströme in Echtzeit ausgewertet und analysiert werden. Das bedeutet, dass das hohe Datenaufkommen rechtzeitig verarbeitet werden muss, um wiederum so schnell wie möglich auf zukünftig entstehende Daten reagieren zu können. Dies kann je nach Anwendung einige Minuten oder auch nur Sekunden dauern. Bei Google werden beispielsweise pro Minute mehr als zwei Millionen Suchanfragen umgesetzt, bei Amazon mehr als 80.000 Dollar umgesetzt oder bei Youtube mehr als 30 Stunden Videomaterial hochgeladen und rund 1,3 Mio. Videos konsumiert[9].

Variety entspricht der Datenvielfalt, unter der bei Big Data die Speicherung von strukturierten, semistrukturierten und unstrukturierten Multimedia-Daten (Text, Grafik, Bild, Audio und Video) verstanden wird. Relationale Datenbanksysteme, wie sie in Unternehmen genutzt werden, können diese Art von Daten nicht erfassen. Ein Kundenstamm hat einen strukturellen Datensatz, wie in relationalen Datenbanksystemen beschrieben. Halbstrukturiert ist z.B. eine E-Mail, bei der der Adressat, der Empfänger und der Betreff eindeutig zugeordnet werden, während der Nachrichtenteil unterschiedlichste Informationen beinhaltet und unstrukturiert ist. Unstrukturierte Daten können in drei Kategorien eingeteilt werden. Die Daten die durch Kommunikation zwischen zwei Personen entstehen, wie z.B. in sozialen Netzwerken, die Kommunikation zwischen Maschinen und Menschen, wie die personifizierte Vermarktung von Produkten mit E-Commerce oder Transaktionsaufzeichnungen an Bankautomaten, sowie der Austausch von Daten zwischen Diensten und Maschinen, wie die Erfassung von GPS oder die Aufzeichnungen von Überwachungskameras[10].

Veracity gilt als ein weiteres V, welches Big Data vor zusätzliche Herausforderungen stellt. Es ist zu berücksichtigen, dass Daten von unterschiedlichen Datenspendern mit unterschiedlicher Datenqualität stammen können. Um die Qualität der Daten sicher zu stellen, müssen sie auf ihre Nützlichkeit und Zuverlässigkeit geprüft werden. Denn ein umfangreicherer Datenpool

[8] Vgl. *Hartmann, M., Klein, D., Phuoc, T.-G.*, Big Data, 2013, S. 320 f.
[9] ebd.
[10] Vgl. *Hartmann, M., Klein, D., Phuoc, T.-G.*, Big Data, 2013, S. 320 f.

entspricht nicht unbedingt einer besseren Auswertungsqualität. Eine gesonderte Herausforderung für die Zukunft stellt die schnelle und rechtzeitige Bereinigung mittels Datenanalyse dar[11].

Abbildung 1: Strukturierte, teilweise strukturierte und unstrukturierte Daten

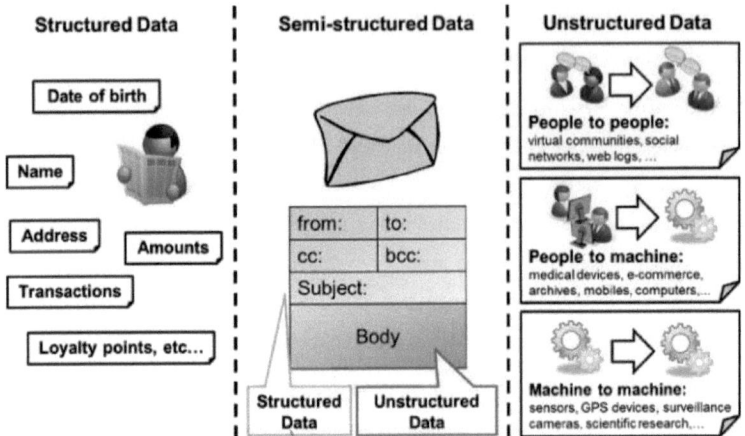

Quelle: *Hartmann, M., Klein, D., Phuoc, T.-G.*, Big Data, 2013, S.321

2.2 Datenbanksysteme

Die generierten Datenbestände von Big Data können aufgrund ihres Umfangs, ihrer Strukturvielfalt und ihrer Volatilität und Verfügbarkeit nicht in den alltäglichen relationalen Datenbanken gespeichert und mit SQL (Structured Query Language) ausgewertet werden, weshalb auf NoSQL (Not only Structured Query Language) zurückgegriffen wird. SQL ist eine Datenbanksprache die zur Datenbeschreibung, Datenmanipulation und Datenselektion genutzt wird, mit dem Ziel, Datenmengen effizient, widerspruchsfrei und dauerhaft zu speichern.

2.2.1 Relationale Datenbanksysteme

Eine SQL-Datenbank besteht aus vordefinierten Systemtabellen, die miteinander verknüpft sind, also in Relation zueinanderstehen. Der Kundenstamm eines Unternehmens in der Datenbank, ist einer Tabelle gleichzusetzen, die mit „Kunden" benannt ist. Die Kundentabelle ist wie eine Exceltabelle aufgebaut, mit Spaltenüberschriften, welche die Daten in den einzelnen Spalten beschreiben. Dies wird unter Datenbeschreibung verstanden. Die Beschreibungsinformationen lassen sich jederzeit vom Benutzer abrufen, jedoch nicht

---

[11] Vgl. *Kaufmann, M., Meier, A.*, SQL & NoSQL, 2016, S. 13.

verändern. In der Kundentabelle wären mögliche Spalten z.b. Kundennummer, Name, Straße, PLZ und E-Mail-Adresse. Wird ein neuer Kunde im Kundenstamm angelegt, erscheint eine neue Zeile, in der alle Daten in die vordefinierten Spalten (Datenstruktur) zugeordnet werden. Der Entwurf des Schemas der Datenbank mit allen benötigten Tabellen und den benötigten Attributen wird im Vorfeld zwischen IT-Dienstleister und Kunden abgesprochen und wird in der Regel nicht mehr grundlegend verändert.

2.2.2 NoSQL-Datenbanken

In den letzten zehn Jahren hatten webbasierte Firmen wie Facebook oder Twitter Probleme das weltweit hohe Datenaufkommen mit herkömmlichen relationalen Datenbanksystemen in kürzester Zeit zu verarbeiten. Besagte Firmen stiegen auf NoSQL-Technologien um, die horizontal skalieren und von günstigerer Mainstream-Hardware betrieben werden. Beim vertikalen Skalieren werden hochwertigere Maschinen eingesetzt, während beim horizontalen die Anzahl der Maschinen gesteigert wird, welche in die „Cluster" (Systemverbund) aufgenommen werden, um die Leistungsfähigkeit zu steigern. Weltweit generierte Daten können dadurch auf dem international verteilten Systemverbund verarbeitet, analysiert und gespeichert werden. Des Weiteren stellen die Restriktionen der vorgegebenen Tabellenstruktur der relationalen Datenbanken ein Problem zur Erfassung von Big Data dar[12]. Die Datenverarbeitung muss flexibel gestaltet werden, sodass bei jeder Anfrage die Möglichkeit besteht, die Struktur anzupassen. NoSQL Datenbanksysteme werden vor allem verwendet, wenn Daten selten geändert, jedoch oft neue hinzugefügt werden[13].

---

[12] Vgl. *Fasel, D, Meier, A.*, Big Data, 2016, S. 6.
[13] Vgl. *Hartmann, M., Klein, D., Phuoc, T.-G.*, Big Data, 2013, S. 321.

3 GIS

Geographische Informationssysteme (GIS) dienen der Erfassung, Bearbeitung, Organisation, Analyse und Visualisierung räumlicher Daten in 2D und 3D. Anwendungsbereiche sind z.B. die Geografie, Umweltforschung, Kartographie, Ressourcenmanagement oder Gesundheitsforschung. Ursprünglich wurden, um GIS-Daten zu erfassen Papierkarten und Vermessungspläne digitalisiert, mit der Zeit ist die Screen-Digitalisierung von Satelliten- und Luftbildern in den Vordergrund getreten. Eine weitere Möglichkeit bietet die Datenaufnahme mittels GPS-Geräten[14]. GIS ist eine Datenbank, die raumbezogene Daten verwaltet. Raumbezogene Objekte sind Straßen, Flüsse, Grenzen, aber auch Gebäude, Seen, Waldflächen, Bodeneinheiten oder Höhenmesspunkte u.Ä. Diese Objekte haben eine räumliche Dimension, die einerseits durch ihre Position, Lage, Form und Größe und andererseits durch ihre Nachbarschaftsbeziehung[15] beschrieben wird. Es gibt zwei verschiedene Arten von Raumdaten: Punkt- und Flächendaten. Jedes Element von Gesundheitsdaten einschließlich Bevölkerung, Umweltexposition oder Mortalität kann mit einem Punkt oder einer genauen räumlichen Position beispielsweise Wohnort, Straßenadresse, oder räumlichen Gebieten wie Postleitzahlregionen, Gemeinden, Provinzen und Ländern verbunden sein. Hinzu kommen GPS-Systeme, bestehend aus mindestens 24 und bis zu 32 solarbetriebenen Satelliten, die in exakt getakteten Intervallen Funkimpulse aussenden. Diese können Positionen in drei Dimensionen ermitteln und bieten die Möglichkeit Bewegungen von GPS-Empfängern in Echtzeit zurückzuverfolgen.

All das bietet die Grundlage für die Kartierung der Inzidenz und Prävalenz von Krankheiten und ist seit langem ein Teil im Gesundheitswesen, der Epidemiologie und Untersuchung von Krankheiten in menschlichen Populationen[16].

---

[14] Global Positioning System – weltweit genutztes Navigationssatellitensystem, welches vor allem zur Positionsbestimmung genutzt wird.
[15] Nachbarschaftsbeziehung beschreibt die relative Lage geografischer Objekte zueinander, wie z.B. ein See an einem Wald.
[16] Vgl. *Appleby, L. et al.*, Geographical epidemiology, 2007, o.S.

4 Einsatz von Big Data und GIS zum Umgang mit Epidemien

Die RNA-Virusfamilie[17] der Coronaviren infiziert Säugetiere und Vögel, bei denen dann eine Vielzahl von Krankheiten hervorgerufen werden. Zwei der vier Unterfamilien sind auch auf den Menschen übertragbar, die sogenannten HCoVs (humane Coronaviren), welche zu den respiratorischen[18] Erregern zählen. Es gibt Hinweise, dass das Virus zunächst von Fledermäusen stammt und über einen Zwischenwirt, beispielsweise von Fleckenmusangs, Marderhunden oder Dromedaren auf den Menschen übertragen wurde[19].

4.1 Humane Coronaviren

Zu den drei wichtigsten menschlichen Coronaviren gehört das SARS-CoV-1 (Severe acute respiratory syndrome-related coronavirus 1), welches den Ursprung Mitte November 2002 in Guandong, China hatte. Im März 2003 erregte die Krankheit weltweite Aufmerksamkeit nachdem von der WHO (World Health Organization) Fälle in China, Hanoi und Singapur gemeldet wurden, wo es zu schweren Fällen von Lungenentzündungen kam. Trotzdem führte SARS-CoV-1 nur zu einer geringen Letalität von 7% bis 17%. Bei Infizierten mit Grunderkrankungen und Personen über 65 Jahren lag die Mortalitätsrate im Vergleich sogar bei 50%, bei Patienten unter 24 Jahren gab es jedoch keinen einzigen Todesfall. Der letzte bekannte Fall wurde Mitte 2004 aufgezeichnet[20].

Dann folgte im April 2012 das MERS-CoVin Saudi-Arabien. Obwohl die Infektionsrate von Menschen zu Menschen als niedrig eingestuft wird, hat das Virus eine hohe Letalität. Bis heute meldet die WHO mehr als 2400 Betroffene bei denen respiratorische Symptome festgestellt wurden, die bei mehr als 800 Patienten zum Tod geführt haben[21].

Das dritte HCoV, SARS-CoV-2 (Severe acute respiratory syndrome-related coronavirus 2) hat den Ursprung auf einem Markt in Wuhan, Provinz Hubei, China und wurde am 30. Dezember 2019 erstmals von einem Patienten mit Pneumonie[22] isoliert. COVID-19 lässt sich mittels Tröpfcheninfektion, Schmierinfektion oder fäkal-oral übertragen. Bedingt durch das Material und den entsprechenden Umweltbedingungen wie Temperatur oder Luftfeuchtigkeit können die Krankheitserreger mehrere Stunden oder Tage an Oberflächen noch nachgewiesen werden.

---

[17] Viren, deren Erbmaterial aus Ribonukleinsäure besteht.
[18] Die Atmung betreffend.
[19] Vgl. *Müller, O., Neuhann, F., Razum, O.,* Epidemiologie COVID-19, 2020, o.S.
[20] Vgl. *McIntosh, K., Perlman, S.,* Coronaviruses, 2015, o.S.
[21] Vgl. *Robert Koch Institut,* MERS, 2019, o.S.
[22] Eine Lungenentzündung ist eine akute oder chronische Entzündung der Alveolen (alveoläre Lungenentzündung) und / oder des Lungengewebes (interstitielle Lungenentzündung). Dies kann zu Schwellungen führen und die Durchblutung des betroffenen Lungenbereichs erhöhen.

COVID-19 hat im Gegensatz zu den anderen HCoVs eine starke Infektiosität[23]. Die Basisreproduktionszahl R(0) liegt bei 2,4 bis 3,3, das bedeutet, dass ein Infizierter im Durchschnitt mehr als zwei bis mehr als drei Personen ansteckt, wenn die gesamte Bevölkerung noch nicht immun gegenüber dem Virus ist, noch kein Impfstoff vorliegt und keine Infektionsschutzmaßnahmen getroffen wurden. Das bedeutet, dass ohne Gegenmaßnahmen die Zahl der Erkrankten solange steigt, bis 70% der Bevölkerung eine Infektion erlebt haben. Nachdem Gegenmaßnahmen vorgenommen wurden gilt die Reproduktionszahl R(t), bei der ein Wert größer eins, ein Anstieg der Fallzahlen und ein Wert unter eins ein Abfall bedeutet[24]. Aufgrund der anfänglich hohen Reproduzierbarkeit entstand ein schneller Anstieg der Fallzahlen der sich bis zum 20. Februar in China auf 75.465 Fälle belief[25]. Die Auswirkungen von COVID-19 angesichts der Globalisierung und der Bedeutung Chinas im Jahr 2020 in Bezug auf den Welthandel sind im Vergleich zu SARS-CoV-1 um ein Vielfaches größer, wodurch zu dem Zeitpunkt bereits weltweit außerhalb Chinas 1200 Fälle registriert wurden (Stand 20. Februar 2020[26]). Milde Symptome wie Fieber, Husten und Kurzatmigkeit wurden bei 80% der Erkrankten festgestellt. Bei den schweren Fällen kommt es zu Multiorganversagen und Lungenentzündungen bis hin zum Tod. Wie auch bei SARS-CoV-1 ist die Mehrheit der Todesfälle bereits mit Vorerkrankungen (z.B. Bluthochdruck und Herzkrankheiten) belastet oder über 60 Jahre alt. Heute beläuft sich die kumulative Zahl der weltweiten Fallzahlen auf über 15,9 Millionen und die Zahl der Todesopfer auf mehr als 643.000[27]. Die Todesrate liegt zwischen 1% und 5%.

4.2 Strategisches Vorgehen Chinas und Südkoreas gegen COVID-19

Mit Hilfe der Präventions- und Kontrollmaßnahmen Chinas konnte der internationalen Gemeinschaft wichtige Zeit verschafft werden, um sich auf die Pandemie vorzubereiten. Die medizinische- und die Forschungsgesellschaft reagierten schnell auf die Epidemie mittels Isolation des Coronavirus, Gensequenzierung und ständigem Austausch der Daten mit der internationalen Gemeinschaft.

Ab Januar 2020 reagierte die chinesische Regierung intensiv auf die Epidemie, indem sie zuerst drei Expertenteams nach Wuhan schickte und den verdächtigten Markt im Rahmen der Untersuchungstätigkeit für die Öffentlichkeit schloss. Die Stadt Wuhan und die Wege zu allen Städten der Provinz Hubei wurden abgeriegelt und ein sektorübergreifender Kontrollplan

---

[23] Vgl. *Müller, O., Neuhann, F., Razum, O.,* Epidemiologie COVID-19, 2020, o.S.
[24] Vgl. *Robert Koch Institut,* Reproduktionszahl, 2020, o.S.
[25] Vgl. *Müller, O., Neuhann, F., Razum, O.,* Epidemiologie COVID-19, 2020, o.S.
[26] Vgl. *Radtke, R.,* Fallzahl CODVID-19 China, Statista, 2020, Statista, o.S.
[27] Vgl. *Worldometer,* Coronavirus Fälle, 2020, o.S.

formuliert. Als nächstes folgte eine systematische Isolierung infizierter Personen und deren Kontakte in Krankenhäusern, Maßnahmen zur Sicherstellung der klinischen Versorgung beispielsweise Krankenhausumstrukturierungen, der Bau zusätzlicher Krankenhäuser in Wuhan und eine landesweite Verlegung von medizinischem Personal in die Provinz Hubei. Die weitere Ausbreitung des Virus wurde ab Januar mittels strenger Reisebeschränkungen, der Schließung aller öffentlichen Einrichtungen und Produktionsbetriebe, die nicht für das System relevant sind, einem Verbot von Versammlungen, umfangreicher sozialer Distanzierung, das verlassen des Hauses ausschließlich mit Gesichtsmasken, sowie umfassende Hygienemaßnahmen verhindert. Im Anschluss wurde die Qualität der Präventions- und Behandlungsmethoden sublimiert. Dazu erhielt die Provinz Hubei personelle und materielle Unterstützung. Die chinesische Regierung hat Fieberkontrollpunkte an Gemeinschaftseingängen, Hauptverkehrseingängen, Ausstiegspunkten und Flughäfen installiert. Aufgrund des hohen Datenaufkommens und dem damit verbundenen Aufwandes der Kontaktrückverfolgung, entwickelte die Stadt Hangzhou im Yuhang Distrikt zwei Wochen nach der landesweiten Abriegelung am 07. Februar 2020 ein Smartphone Miniprogramm namens „Health Barcode", ein Produkt der öffentlich-privaten Partnerschaft, welches bis Ende Februar von mehr als 900 Millionen Menschen eingesetzt wurde. Ein Statusupdate des Gesundheitszustandes und des Reiseverlaufes jedes Benutzers in Verbindung mit Big Data der Luftfahrt, des Bahnverkehrs, weiteren Verkehrsmitteln, Social Media, COVID-19 Datenbanken, sowie mobile GPS-Systeme und Zahlungsaufzeichnung werden genutzt, um die Aufenthaltsorte zurückzuverfolgen. Zusätzlich ermitteln hochentwickelte künstliche Intelligenz (KI) und Algorithmen alle Personen, die im engen Kontakt zu infizierten Personen standen. Die drei Ebenen der Risikobewertung werden auf Farben aufgeteilt. Ein geringes Risiko besteht für Personen mit einer grünen Farbe, diese können sich frei bewegen und zur Arbeit gehen, während gelb anzeigt, dass das Individuum neu in einer Stadt ist und die Quarantäne noch nicht abgeschlossen hat. Rot bedeutet, dass sich die Person aufgrund von Symptomen, die auf eine Infektion hinweisen in Quarantäne begeben muss. Nach einer sieben bis 14 tägigen häuslichen Isolation und täglichen Statusupdates über den Gesundheitszustand wechseln die Strichcodes automatisch von gelb oder rot auf grün. Ausschließlich Personen mit einem grünen Strichcode können Kontrollpunkte passieren. An die 60.000 Reisenden, die in Hongkong gelandet sind, wurden verpflichtend elektronische Armbänder in Kombination mit einer App verteilt, welche die Behörden informiert, wenn sie das Haus während der Quarantäne verlassen[28]. Auflockernde Maßnahmen, wie die Ankurbelung der Wirtschaft und ein

---

[28] Vgl. *Leesa, L.*, COVID-19 & Big Data, 2020, S. 2 f.

Rekurrieren zur sozialen Normalform folgten nachdem die Reproduktionszahl im März 2020 landesweit unter eins gesunken war[29]. Seitdem bis zum 24. Juli 2020 gibt es lediglich ungefähr 5000 Neuinfizierte (Abbildung 1). Noch nie gab es ein intensiveren Epidemie-Plan. Die Erfolge der Methoden Chinas zur Bekämpfung des Virus wurden weltweit adaptiert[30].

Abbildung 2: Erkrankungs- und Todesfälle in China aufgrund COVID-19

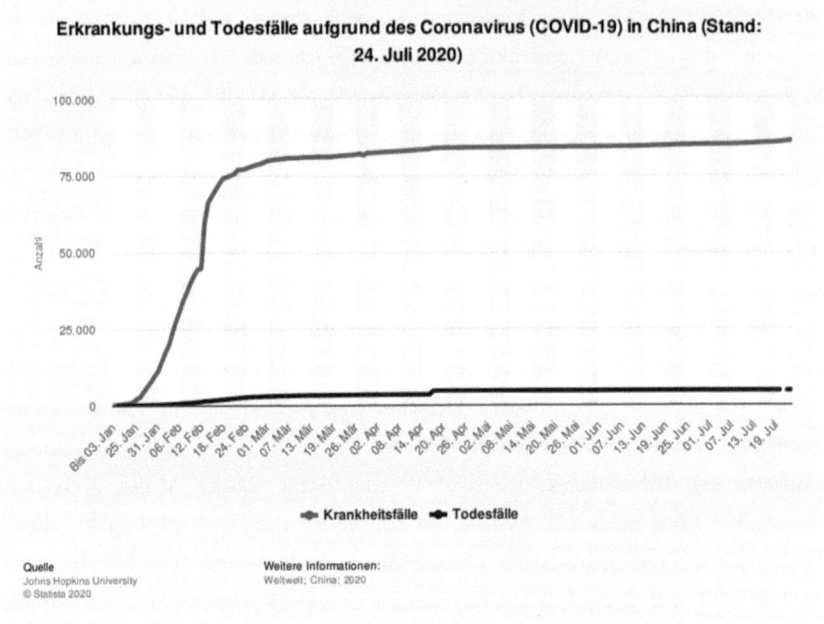

Quelle: Statista, Fallzahl COVID-19 China, Stand: 24. Juli 2020, o.S.

Ebenfalls erfolgreich im Umgang mit SARS-CoV-2 ist Südkorea. Seit dem ersten bestätigten Fall am 22. Januar 2020 bis zum 24.07.2020 infizierten sich, bei einer Bevölkerung von 51,6 Millionen (Stand: 2018[31]), 13.979 Personen an SARS-CoV-2[32].

Südkorea entwickelte erstmals als Reaktion auf den Ausbruch des MERS-CoV Instrumente für intensives Testen und eine systematische Rückverfolgung von Personen. Das Korea Centers for Disease Control and Prevention (KCDC) entwickelte ein System zur Kontakterkennung namens COVID-19 Smart Management System (COVID-19 SMS), welches Daten von

[29] Vgl. *Radtke, R*, Fallzahl CODVID-19 China, 2020, Statista, o.S.
[30] Vgl. *Müller, O., Neuhann, F., Razum, O.*, Epidemiologie COVID-19, 2020, o.S.
[31] Vgl. *Urmersbach, B.*, Bevölkerung Südkorea, 2020, Statista o.S.
[32] Vgl. *Radtke, R.*, Fallzahl COVID-19 Südkorea, 2020, Statista, o.S.

11

Überwachungskameras, Kreditkartennutzung und GPS-Daten von Autos und Mobiltelefonen nutzt, um die Aufenthaltsorte von Corona betroffenen Personen zurückzuverfolgen. Gesundheitsbehörden senden Benachrichtigungen an Personen, die betroffen sein könnten. Sollte der Test positiv ausfallen, werden die Infizierten zur Behandlung in Sondereinrichtungen gebracht. Menschen ohne Symptome werden trotzdem zu einer aktiv überwachten Selbstquarantäne aufgefordert. Sowohl in China, also auch in Südkorea drohen bei Verstößen Gefängnisstrafen oder hohe Bußgelder[33].

Abbildung 3: Fallzahl des Coronavirus (COVID-19) in Südkorea seit Januar 2020

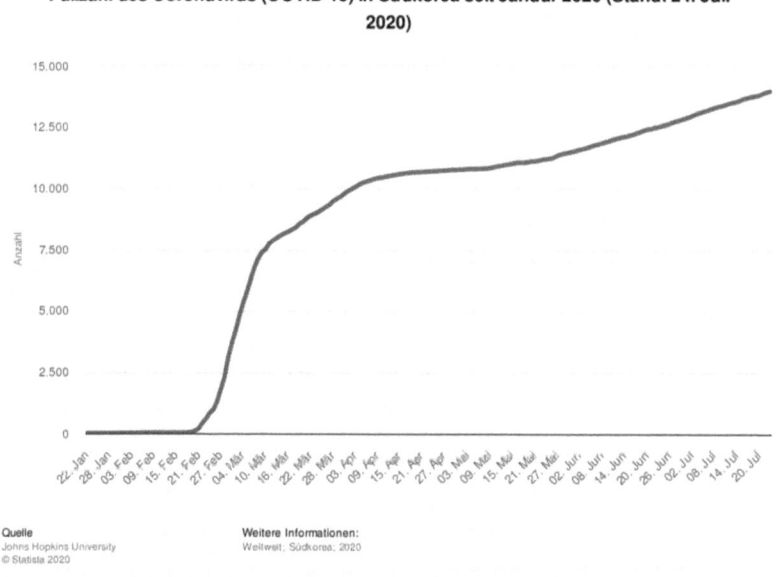

Quelle: Statista, Fallzahlen COVID-19 Südkorea, Stand: 24. Juli 2020, o.S.

4.3 Chancen von Big Data und GIS als Unterstützung zur Bekämpfung von Epidemien

SARS-CoV-2 ist nicht die erste Gesundheitskrise, in der mobile Technologien und Big Data eingesetzt wird. Bereits 2011 wurde an der Universität in Camebridge eine App namens FluPhone eingeführt, um die Ausbreitung einer regulären Grippe zurückzuverfolgen. 2014-2016 wurden Telefondaten und Anwendungen genutzt, um einen Ebola-Ausbruch

---

[33] Vgl. *Leesa, L.*, COVID-19 & Big Data, 2020, S. 2 f.

einzugrenzen[34]. Die Möglichkeit auf einen weltweit riesigen Datenpool zugreifen zu können ist bei dem Ausbruch einer Pandemie eine große Hilfe. Das Johns Hopkins University's Center for Systems Science and Engineering hat eine Echtzeit-Verfolgungskarte zur Verfolgung von COVID-19 Fällen auf der ganzen Welt entwickelt. Es werden Daten von dem US-Center for Disease Control (CDC), der WHO, dem European Center for Disease Prevention and Control (ECDC), dem Chinese Center for Disease Prevention and Control (China CDC) und der chinesischen Website DXY zusammengetragen[35]. Anhand der Beispiele von China und Südkorea lässt sich erkennen, wie mit der Verwendung von Big Data und GIS, eine systematische Rückverfolgung von Personen, die mit Infizierten in Kontakt gekommen sind, erreichbar ist. Mit GIS ist es möglich Aktivitätsspuren zwischen Patienten und Bevölkerungen zu ermitteln und den Kreis der potenziell Infizierten einzugrenzen. Aus Textdateien kann schnell und automatisch eine räumlich-zeitliche Trajektorie[36] des Patienten extrahiert werden. Dadurch lässt sich ein räumlich-zeitlicher Expositionszusammenhang[37] von Infizierten feststellen und mittels Analysen eine automatische Erkennung des überregionalen epidemischen Infektionspfades erstellen. Dies bietet die Möglichkeit der Expositionsabschätzung und Risikobewertung und war die Grundlage, die wichtigsten Zentren für die Übertragung der Epidemie in China zu bestimmen. Die Beurteilung des Risikos von Epidemien und der Übertragung in verschiedenen Regionen ist für die Entscheidungsfindung und die Anpassung der Präventions- und Kontrollmaßnahmen entscheidend. Ausgehend von der Stadt Wuhan wurde der Zusammenhang zwischen der Zahl der Infizierten in jeder Provinz und dem Bevölkerungsstrom in andere Provinzen untersucht. Die Fallzahlen, die Bevölkerungswanderung und das Transportnetz wurden als Variablen in einem Risikobewertungsmodell der räumlichen Verteilung genutzt, um China in Gefahrenbereiche zu segmentieren, die das Risiko der Ausbreitung aufweisen. Das höchste Risiko wurde in Peking, Shenzhen, Guangzhou und Shanghai festgestellt. Vor der Abriegelung von Wuhan haben rund fünf Millionen Menschen die Stadt verlassen. Bei der Analyse der Daten hat die Forschung einen starken Zusammenhang zwischen der Anzahl der Zugfahrten und der Zahl der COVID-19 Fälle registriert. Das Ausmaß und der Umfang der Bevölkerungsmobilität sind wesentliche Informationen, welche von der Forschungsabteilung unter Verwendung der räumlichen Big Data, die aus mehreren Quellen stammen, wie beispielsweise der Standortwünsche von

---

[34] Vgl. *Leesa, L.*, COVID-19 & Big Data, 2020, S. 2 f.
[35] Vgl. *Dzau, Victor et al.*, Digital Technology COVID-19, 2020, o.S.
[36] Eine Trajektorie (Bahnkurve, Pfad oder Weg) ist in der Physik der Verlauf einer Raumkurve, entlang der sich z.B. ein Körper oder Punkt bewegt.
[37] Eine Exposition ist in der Medizin und Toxikologie das Ausgesetzt sein von Lebewesen gegenüber schädlichen Umwelteinflüssen wie Krankheitserregern.

Tencent[38] und den Migrationsdaten von Baidu[39], ermittelt wurden. Aus den Daten konnte ein Schätzmodell der mehrstufigen räumlichen Verteilung der interregionalen Migrantenbevölkerung entwickelt werden. Das Multi-SEIRDC (Multi susceptible-exposed-infectious-removed-died-cumulative model) ist ein raum-zeitliches Diffusionsmodell[40], welches u.a. die Auswirkungen auf das Überschreiten räumlicher Barrieren durch Menschen oder die Auswirkung der großräumigen Bevölkerungsmigration während des chinesischen Neujahrsfestes berücksichtigt. Es wurde zur Verfolgung, Ableitung und Vorhersage der SARS-CoV-2 Epidemie genutzt und hat das Ende der Epidemie außerhalb von der Provinz Hubei für Mitte März prognostiziert, vorausgesetzt es werden keine Infektionsfälle von Übersee importiert. Ein weiterer wichtiger Faktor ist die ausgewogene räumliche Verteilung und nationale Zuweisung von Ressourcen zur medizinischen Versorgung und Prävention von COVID-19. Denn der räumlich ungleiche Ausbruch der Epidemie und ihre rasche Entwicklung führen zu einem räumlich-zeitlichen Ungleichgewicht von Angebot und Nachfrage. Um die Materialallokation zu optimieren, analysierte China auf der Grundlage der Datenbank der Online-Krankenhaushilfe-Informationen und Big Data der lokalen Anzahl von Fällen und Prognosen, sowie vorhandener Ressourcen die aktuelle dynamische Situation medizinischer Schutzausrüstung im ganzen Land anhand Kreuzvalidierung[41] und Stichprobenverifizierung (telefonische Anfrage und Web-Anfrage). Dadurch konnte direkt ein Mangel an medizinischer Schutzausrüstung in 462 Krankenhäusern festgestellt werden. Zusätzlich wurden wissesnschaftliche Daten zur Verfügung gestellt, die Informationen in Echtzeit über den sich schnell ändernden Materialbedarf enthalten. Um die Materialversorgung beständig und effizient zu gestalten, wurden mehrere Big Data Datensätze, wie z.B. die epidemischen Daten der Provinzen, Online-Verbrauchsdaten und Postdienstdaten in eine GIS-Datenbank integriert. Für jede Provinz wurde die Angebots- und Nachfragesituation während der Präventionsperiode, sowie die sich verändernden Mengen und Trends der Post- und Exportzustellungsunternehmen in jeder Region analysiert. Hierdurch konnten das Gebiet, die Art und die Transportunterstützungskapazität der Materialknappheitsrisiken identifiziert werden. JD.COM und SF Express (große Online-Shopping- und Logistikunternehmen) haben damit begonnen ein GIS-basiertes Logistiküberwachungssystem zu erstellen. In Zukunft soll ein nationales System

---

[38] Chinesisches Internetunternehmen mit Geschäftsfeldern, wie z.B. Sofortnachrichtendiensten, Social Media und Webportalen.
[39] Chinesische online Suchmaschine.
[40] Entspricht einer Kurve mit idealtypischem Verlauf.
[41] Ein Testverfahren bei der die Übereinstimmung zwischen tatsächlicher und vorhergesagter Ausprägung verglichen wird. In dem Beispiel die prognostizierte Menge der medizinischen Ressourcen anhand der Anzahl der Infizierten in der Region im Vergleich zur bestellten Menge.

zur Überwachung von Materialtransporten und eine nationale Datenintegrations- und analyseplattform eingerichtet werden, welche während der Notfallpolitik, der Gesellschaft genaue und zeitnahe Informationen über Materialversorgung und Transportkapazität liefern wird. Abschließend ist es wichtig sich den Sozialpsychologischen Aspekt genauer anzuschauen. Denn beim Auftreten von Pandemien und Maßnahmen wie einem „Lockdown" können die negativen Auswirkungen von Unsicherheit und Panik der Bevölkerung, die der Viruserkrankungen übersteigen. Die Forschung benutzte eine Vielzahl an Social-Media-Daten unter anderem Daten des Sina Weibo, welches ähnlich wie Twitter funktioniert, um die räumliche Ausbreitung der bestimmten Stimmung und Gefühle der Öffentlichkeit zu verfolgen und anhand des dynamischen Evolutionsprozesses der öffentlichen Meinungen und der Semantik zu bewerten. Basierend auf der komplexen Big Data aus sozialen Netzwerken wurde ein User Semantic Behavior Evolution Model eingeführt, welches die Veränderung der öffentlichen Reaktion auf COVID-19 misst und analysiert. Daraus ergab sich, dass die Regierungsankündigungen zwischen dem 9. Januar bis 10. Februar zu mehr als 60% positiv aufgenommen wurde.[42]

---

[42] Vgl. *Zhou, Chenghu et al.*, Big Data, GIS & COVID-19, 2020, o.S.

5 Fazit

Big Data und GIS stehen vor diversen Herausforderungen und bieten im gleichen Atemzug viele Chancen zur Eindämmung und Bekämpfung von Epidemien und Pandemien wie beispielsweise AIDS, Tuberkulose oder Malaria. Obwohl der Forschungsstand der Informationstechnologie schon auf einem hohen Stand ist, hat COVID-19 die Forschung angeregt sich auf der Ebene der Prävention und Kontrolle von Pandemien weiterzuentwickeln, damit zukünftig noch schneller Prognosen zur räumlichen Ausbreitung von Infektionen, sowie geeignete Maßnahmen getroffen werden können.

Der Erfolg der Regierungen Chinas und Südkoreas ist geprägt durch eine gemeinsame öffentliche Unterstützung des kollektiven Wohlergehens über die individuelle Freiheit in Notfällen mit derartigem Ausmaß. Die schnelle Abflachung der Zahl der Infizierten konnte nur mittels der Nutzung von Big Data und GIS zur Rückverfolgung von Kontaktpersonen und der strikten Durchsetzung der Quarantäne sichergestellt werden. Dies hat in China funktioniert, da die Health Barcode App von 900 Millionen Menschen binnen kürzester Zeit genutzt wurde und China eine große Datenversorgung erhielt. Abgesehen davon existiert beispielsweise die freiwillige Corona Warn App des Robert Koch Instituts, welche jedoch nicht ansatzweise mit den Download-Zahlen der Barcode App zu vergleichen ist. Ob solche Apps erfolgreich sind oder nicht hängt größtenteils von der Akzeptanz der Bevölkerung und der starken Durchsetzung des öffentlichen Gesundheitswesens ab, denn die Kontaktverfolgung und die Isolation sind Maßnahmen die stark in die Privatsphäre jedes Individuums eingreifen. Ohne die Unterstützung der Menschen können keine Daten generiert und die GIS Datenbanken damit gefüllt werden, um Epidemie-Karten und Prognosen für die weitere Ausbreitung zu erstellen, sowie Infektionspfade zurückverfolgen. Auf der anderen Seite sollte in Betracht gezogen werden, dass diese Technologien ebenfalls von Hackern und der Regierung unrechtmäßig genutzt werden könnten, kriminelle Aktivitäten nach sich zieht oder der politischen Überwachung, während oder nach der Pandemie dienen könnte. Dabei ist die Frage zu klären wie und in welchem Ausmaß Big Data und GIS in Notfallsituationen, wie der Bekämpfung von Epidemien oder Pandemien, im Rahmen von verantwortungsvoller Verwaltung und Befolgung der Datenschutzrichtlinien, genutzt werden sollten.

Literaturverzeichnis

Fasel, Daniel, Meier, Andreas (Big Data ,2016): Big Data Grundlagen, Systeme und Nutzungspotenziale, Wiesbaden: Springer Vieweg, 2016

Kaufmann, Michael, Meier, Andreas (SQL & NoSQL, 2016): SQL- & NoSQL-Datenbanken, 8. Aufl., Berlin Heidelberg: Springer Vieweg, 2016

Internetquellen

Appleby, Louis, Dunn, Graham, Rezaeian, Mohsen, St Leger, Selwyn (Geographical epidemiology, 2007): Geographical epidemiology, spatial analysis and geographical information systems: a multidisciplinary glossary, (Februar 2007), https://www.ncbi.nlm.nih.gov/pmc/articles/PMC2465628/ (Abgerufen am 28. Juli 2020)

Dzau, Victor, Lawrence, Carin, Shu Wei Ting, Daniel, Wong, Tien Y. (Digital Technologie COVID-19, 2020): Digital technology and COVID-19 (27. März 2020) https://www.nature.com/articles/s41591-020-0824-5, (Abgerufen am 25. Juli 2020)

Hartmann, Matthias, Klein, Dominik, Phuoc, Tran-Gia, (Big Data, 2013): Big Data (10. April 2013) https://link.springer.com/content/pdf/10.1007/s00287-013-0702-3.pdf, (Abgerufen am 26. Juli 2020)

Lin, Leesa (COVID-19 & Big Data, 2020): Combat COVID-19 with artificial intelligence and big data (29. Juni 2020) https://www.researchgate.net/profile/Leesa_Lin2/publication/341576588_Combat_CO VID- 19_with_artificial_intelligence_and_big_data/links/5ef9cf9492851c52d606abc5/Com bat-COVID-19-with-artificial-intelligence-and-big-data.pdf, (Abgerufen am 24. Juli 2020)

McIntosh, Kenneth, Perlman, Stanley (Coronaviruses, 2015): Coronaviruses, Including Severe Acute Respiratory Syndrome (SARS) and Middle East Respiratory Syndrome (MERS) (31. Oktober 2015), https://www.ncbi.nlm.nih.gov/pmc/articles/PMC7151770/, (Abgerufen am 21. Juli 2020)

Müller, Olaf, Neuhann, Florian, Razum, Oliver (Epidemiologie COVID-19, 2020) Epidemiologie und Kontrollmaßnahmen bei COVID-19 (28. April 2020), https://www.ncbi.nlm.nih.gov/pmc/articles/PMC7295278/, (Abgerufen am 21. Juli 2020)

Radtke, Rainer, Statista (Fallzahl CODVID-19 China, 2020): Erkrankungs- und Todesfälle aufgrund des Coronavirus (COVID-19) in China (23. Juli 2020) https://de.statista.com/statistik/daten/studie/1103351/umfrage/erkrankungs-und-todesfaelle-aufgrund-des-coronavirus-in-china/, (Abgerufen am 23. Juli 2020)

Radtke, Rainer, Statista (Fallzahl COVID-19 Südkorea, 2020): Fallzahl des Coronavirus (COVID-19) in Südkorea seit Januar 2020 (24. Juli 2020), https://de.statista.com/statistik/daten/studie/1101418/umfrage/fallzahl-des-coronavirus-in-suedkorea/, (Abgerufen am 24. Juli 2020)

Robert Koch Institut (MERS, 2019): Informationen des RKI zu MERS-Coronavirus (13. Dezember 2019), https://www.rki.de/DE/Content/InfAZ/M/MERS_Coronavirus/MERS-CoV.html, (Abgerufen am 22. Juli 2020)

Robert Koch Institut (Reproduktionszahl, 2020): *Was versteht man unter der Reproduktionszahl R, und wie wichtig ist sie für die Bewertung der Lage?* (03. Juli 2020), https://www.rki.de/SharedDocs/FAQ/NCOV2019/FAQ_Liste_Epidemiologie.html, (Abgerufen am 22. Juli 2020)

Tenzer, F. (Mobilfunkanschlüsse, 2019): Anzahl der Mobilfunkanschlüsse weltweit von 1993 bis 2019, (06. November 2019), https://de.statista.com/statistik/daten/studie/2995/umfrage/entwicklung-der-weltweiten-mobilfunkteilnehmer-seit-1993/, (Abgerufen am 26. Juli 2020)

Tenzer, F. (Datenmenge, 2020): Prognose zum Volumen der jährlich generierten digitalen Datenmenge weltweit in den Jahren 2018 und 2025 (13. Februar 2020) https://de.statista.com/statistik/daten/studie/267974/umfrage/prognose-zum-weltweit-generierten-datenvolumen/, (Abgerufen am 26. Juli 2020)

Urmersbach, Bruno, Statista (Bevölkerung Südkorea, 2020): Gesamtbevölkerung in Südkorea bis 2024 (24. Juli 2020), https://de.statista.com/statistik/daten/studie/19306/umfrage/gesamtbevoelkerung-in-suedkorea/, (Abgerufen am 24. Juli 2020)

Worldometer, (Coronavirus Fälle, 2020): Coronavirus Cases (25. Juli 2020), https://www.worldometers.info/coronavirus/, (Abgerufen am 25. Juli 2020)

Zhou, Chenghu et al., (Big Data, GIS & COVID-19, 2020): COVID-19: Challenges to GIS with Big Data (20. März 2020), https://www.sciencedirect.com/science/article/pii/S2666683920300092#!, (Abgerufen am 29. Juli 2020)